ÉLOGE FUNÈBRE

DE

M. MARET

Principal du Collège de Thoissey

Prononcé le 25 Mai 1857.

LYON

IMPRIMERIE ET LITHOGRAPHIE DE C. BONNAVIAT

RUE SAINTE-CATHERINE, 13

1857

ÉLOGE FUNÈBRE
DE M{{^R}} MARET

PRINCIPAL DU COLLÉGE DE THOISSEY

> *Ego sanctifico meipsum ut sint et ipsi sanctificati.*
> Je me sanctifie moi-même, afin qu'eux aussi soient sanctifiés.
> (S. JEAN, ch. 17, v. 19.)

MESSIEURS,

Le grand ouvrage de la sanctification des âmes a toujours été, de la part de Dieu, le but unique, la fin dernière de la création. Que serait en effet notre vie, considérée indépendamment de cette pensée divine qui nous relève et nous régénère ? Un souffle, dit le Sage, un léger nuage qui frappe nos regards, puis disparaît emporté par le vent ; une suite bientôt terminée d'instants toujours semblables qu'on peut résumer dans ces trois mots bien connus : « Naître, souffrir, mourir. » L'Ecriture sainte ne nous le dirait pas, que les faits qui se passent chaque jour sous nos yeux et tout cet appareil funèbre le proclameraient assez haut. Et cependant, ce temps si court, si incertain, est bien précieux aux yeux du Seigneur, car il nous l'a donné pour opérer notre salut, car il en fait la monnaie avec laquelle nous achetons l'Eternité.

Aussi, pendant sa vie mortelle, Notre-Seigneur Jésus-Christ n'eut jamais d'autre but de ses travaux et de ses souffrances que la sanctification des âmes ; et à l'approche de sa mort, réunissant autour de lui ses apôtres, et s'adressant à son Père dans une admirable prière qui semble un testament de son amour en faveur des hommes, il traça d'un seul trait l'objet de sa mission divine : « *Ego sanctifico meipsum, ut sint et ipsi sanctificati.* — Je me sanctifie moi-même, dit-il, afin qu'eux aussi soient sanctifiés. » Formés à l'école du divin Sauveur, tous les Saints ont pris ces paroles pour règle de leur vie, et l'histoire de l'Eglise de Dieu sur la terre n'est autre chose que l'histoire de la sanctification du genre humain.

Ainsi l'avait compris le saint prêtre que nous pleurons. Sa vie fut entièrement consacrée à se sanctifier lui-même et à sanctifier les autres. Ce fut là le terme de ses pensées, l'objet de sa sollicitude, la récompense de sa foi et de sa piété. Prêtre ou laïque, étudiant ou supérieur, dans sa jeunesse comme dans son âge mûr, il se montra constamment occupé de ce divin travail qui seul attire les regards du Très-Haut. Et voilà pourquoi je ne craindrai pas d'élever aujourd'hui la voix dans ce saint lieu à la louange du pieux et vénéré Monsieur MARET, prêtre, chanoine du diocèse de Belley, principal du collège de Thoissey.

Instruit par ses leçons, témoin journalier de ses vertus pendant les dernières années de sa vie, je viens vous entretenir de sa belle et trop courte carrière et jeter sur la tombe d'un père bien-aimé quelques fleurs de reconnaissance et de souvenir ; je viens, au nom des Professeurs et des nombreux Élèves qu'il a formés par ses soins et guidés par ses conseils, acquitter une dette sacrée ; léguer à son honorable famille une consolation qu'elle a droit d'attendre, et vous donner à tous peut-être des enseignements qui vous toucheront parce qu'ils sortiront d'une vie honorée par une foi sincère et couronnée par le plus unanime respect.

I.

« Dieu veut, dit Bossuet, que nous sachions distinguer entre les dons qu'il abandonne à ses ennemis et ceux qu'il réserve à ses amis. Ce qui distingue ses amis, c'est la piété : jusqu'à ce qu'on ait reçu ce don, tous les autres non seulement ne sont rien, mais encore tournent en ruine à ceux qui en sont ornés.... La piété est le tout de l'homme. » Et c'est parce qu'elle a été le mobile de la vie que nous admirons et qu'elle en a consacré toutes les œuvres, que nous trouvons aujourd'hui un si grand adoucissement à notre douleur et que nous ressentons une confiance immense dans nos prières.

Né en 1810, d'une des plus honorables familles de la ville de Belley, M. Jules-Anthelme-Xavier MARET apprit sur les genoux de sa mère à connaître et à aimer Dieu. Admirable vocation de la mère chrétienne! Elle forme à la vertu, en les serrant sur son cœur et en les réchauffant de la chaleur de son âme, ces frêles et innocentes créatures qui plus tard béniront Dieu de la faveur qu'il leur a accordée de le connaître aussitôt qu'elles ont connu la vie. Ce fut à cette douce école que notre vertueux Principal se forma dès l'enfance à cette piété tendre et profonde mais indulgente et éclairée qu'il a conservée comme son plus grand bien et son plus précieux héritage. Jamais le souvenir de ces premiers jours ne s'effaça de sa mémoire, et plus tard, lorsque les travaux et les préoccupations de sa charge venaient l'accabler de fatigue, il levait les yeux sur l'image de sa mère suspendue devant sa table de travail, et cette vue versait dans son âme un baume généreux qui lui donnait des forces.

Son enfance et sa jeunesse s'écoulèrent dans les saintes affections de la vie de famille. Il se sentit poussé à l'étude par un instinct très précoce, et le collège de Belley, renommé à juste titre, le reçut de bonne heure dans son sein. Là se développèrent ces vertus aimables qui font l'ornement d'un jeune écolier: l'obéissance, l'amour du travail, la douceur, la condescendance, vertus qui le firent chérir de ses condisciples et de ses maîtres. Elève distingué, il recueillit sans vanité les plus brillants succès. Tout son bonheur était de déposer entre les mains de ses chers parents ces récompenses et ces couronnes, orgueil bien légitime d'un père et d'une mère, qu'il avait gagnées sur le champ de bataille de l'application et du travail. Beaux jours que d'autres fêtes lui rappelaient plus tard avec délices et qui lui faisaient envier le sort des enfants confiés à sa sollicitude.

Ce fut au collége de Belley qu'il accomplit le premier acte solennel de la vie : je veux parler de la première Communion. Dieu seul connaît quelle préparation il y apporta. Nous savons seulement que sa jeune âme avait faim de ce pain sacré qui donne la vie et fait croître dans nous les plus chastes vertus. Il s'assit pour la première fois à la table sainte, portant dans son cœur, avec la joie de sa jeunesse, la joie d'une conscience pure, la joie des Anges qui étaient descendus pour le visiter. L'onction de ce jour-là demeura dans son âme comme un caractère qui ne s'effaça jamais, et sa physionomie, déjà si douce et si expressive, fut empreinte dès lors d'une grâce céleste, fruit d'une vertu naissante mais déjà solide. Dès ce moment on put remarquer en lui un recueillement plus profond dans ses prières, des efforts plus constants pour se vaincre lui-même, une attention plus grande à se corriger des plus légers défauts ; le respect filial, la bonté, la mansuétude s'épanouissaient de plus en plus dans son jeune cœur.

Vous ne m'eussiez point pardonné, chers Elèves, si par une crainte exagérée de m'écarter de la dignité du langage de la chaire, j'avais passé sous silence ces heureux commencements de la carrière de notre bien-aimé Principal. Vous apprendrez par-là que pour devenir plus tard des chrétiens sincères, des hommes utiles et environnés de l'estime publique, il faut être au collége élèves laborieux, obéissants et surtout vertueux. Si quelquefois Dieu ravit au monde, par un de ces coups subits de la grâce qu'on appelle des conversions, quelques âmes égarées dans les sentiers du mal, ces prodiges de la miséricorde divine sont rares, et nous n'avons aucun motif de compter sur une telle faveur. J'aime bien mieux contempler ces cœurs que l'Esprit saint façonne dès le commencement pour en faire des temples vivants où il puisse résider. Ce sont pour nous des modèles dans les diverses phases de la vie.

Lorsque M. Maret vit arriver le terme de ses études, il fit part à ses parents du désir qu'il nourrissait depuis long-temps de se consacrer à Dieu. Sa proposition n'étonna personne; mais soit qu'on l'attribuât à un excès de ferveur religieuse, soit plutôt qu'on écoutât trop cette tendresse naturelle aux parents qui se persuadent perdre quelque chose de leur enfant en le donnant à Dieu, on voulut éprouver sa vocation et on l'envoya à Dijon étudier le droit. La Providence semblait se charger de le diriger dans la nouvelle voie qui lui était ouverte. Le jeune étudiant trouva dans la capitale de l'ancienne Bourgogne une tante chérie qui sut s'acquitter avec intelligence et dévouement des devoirs de seconde mère. Il y rencontra aussi deux hommes distingués que leur mérite devait appeler plus tard aux dignités les plus élevées. C'étaient le vertueux président Riambourg et M. l'abbé Morlot, aujourd'hui archevêque de Paris. Le premier guida ses pas dans l'étude du droit et empêcha, par son expérience, toute séduction funeste dans le contact obligé de son disciple avec le monde ; le second put lire dans le fond de son âme et y découvrir la source cachée de ces vertus modestes qui frappent peu les regards des hommes et ne sont bien connues que de Dieu seul. Il les cultiva et les dirigea pour leur faire porter bientôt des fruits de salut. Avec de tels guides, M. MARET fit des progrès rapides dans la connaissance des lois et dans la science plus nécessaire encore de sa propre sanctification. Dieu l'appelait à d'autres épreuves : il partit pour Paris.

Le souffle révolutionnaire soulevait alors de terribles tempêtes, préludes d'une catastrophe prochaine, et l'on semblait allier dans une impopularité commune la branche aînée des Bourbons et la religion en compagnie de laquelle ils avaient vieilli. La capitale était une mer bien fertile en naufrages, et le jeune homme religieux arrivé de sa province rencontrait au-devant de ses pas mille dangers, sans avoir une bannière auprès de laquelle il pût s'abriter et trouver réunis des compagnons de lutte. Isolé dans la pratique du bien, M. MARET mit tout son espoir dans celle qu'il appelait avec amour sa bonne Mère du Ciel. Dans l'immense basilique de Saint-Sulpice, à l'extrémité du chœur, se trouve une gracieuse chapelle consacrée à Marie. L'image de la Vierge apparait au sein des nuages, transportée par les Anges, et la douce clarté qui illumine sa figure semble descendre du Ciel et entourer son front d'une divine auréole. C'est là que notre pieux étudiant venait chaque soir se reposer de ses fatigues, épancher son âme dans de chastes entretiens avec sa tendre Protectrice, lui confier ses peines et demander des forces pour de nouveaux combats. Il sortait consolé et le cœur plein d'espérance. Bientôt l'amabilité de ses relations et la facilité de son caractère lui gagnèrent quelques jeunes gens, et parmi ceux qui s'honorèrent de son amitié, nous pourrions citer des noms que la littérature contemporaine revendique avec gloire. Ceux même qui n'avaient pas le courage de l'imiter le respectaient du moins et admiraient la constance de sa vertu. Un jour l'un d'entr'eux le fit appeler auprès de son lit de mort et lui tendant une main déjà à demi glacée par l'approche du trépas : « Cher ami, lui dit-il, tu fais bien d'être vertueux. » Ces paroles solennelles d'un condisciple expirant restèrent profondément gravées dans l'âme de M. MARET : il les répétait plus tard à ses élèves, et à sa dernière heure il s'estima heureux de ne les avoir point oubliées.

La révolution de 1830 vint le surprendre sans l'effrayer. C'était une leçon de plus sur la vanité des grandeurs humaines, et il la reçut avec sa foi et son énergie ordinaires. Il consola quelques infortunés, soutint de sa bourse et de ses encouragements plusieurs étudiants que les nouveaux revers avaient frappés et leur donna même asile dans son modeste appartement ; puis, la tourmente à peine calmée, ses études de droit étant terminées, il revint avec bonheur dans son pays natal.

L'expérience et la lutte avaient mûri son cœur. Aussi pur qu'à son départ, notre vertueux jeune homme avait trempé son âme au contact des misères d'autrui, et les chutes qui avaient retenti autour de lui n'avaient fait que consolider sa vertu. Il avait à peine vingt ans lorsqu'il débuta comme avocat au barreau de Belley. Ses contemporains se rappellent encore cette lucidité d'esprit qu'il apportait dans les questions les plus ardues, ce langage plein de noblesse et de charme, cette parole facile qu'on admirait dès lors en lui et que plus tard nous aimions à retrouver dans ses trop rares discours. Que fallait-il de plus pour réjouir un père et lui faire rêver pour son fils le plus brillant avenir ?

Le jeune avocat seul pensait à d'autres destinées.

Assurément je n'ai point la pensée de déprécier aucune carrière : toutes, pourvu qu'elles tendent au bien, sont approuvées par Dieu, et tout homme est dans l'ordre quand il reste à la place que le Ciel lui destine. Mais il est des intelligences prédestinées d'avance à d'autres œuvres qu'aux affaires d'ici-bas. Elles sont dans le monde, et toutes les choses de ce monde, loin de les éblouir et de les attirer, les fatiguent et leur inspirent une insurmontable aversion. Elles se sentent emportées par je ne sais quelle force surnaturelle et divine qui les fait planer au-dessus des illusions humaines et dédaigner tout ce qui flatte les cœurs courbés vers la terre. Ah! nous le dirions presque avec fierté, si nous ne savions que l'homme n'a point à s'enorgueillir de l'œuvre de Dieu, la part qui leur est faite est bien belle, elle est bien précieuse! M. MARET était une de ces intelligences, et selon l'heureuse expression d'un de ses parents témoin de ses débuts d'avocat : « Les passions des plaideurs ne pouvaient entrer dans son âme, et les luttes ardentes qu'elles commandent ne pouvaient être sa vie. » Il nourrissait des aspirations plus hautes, il avait hâte de boire à une source plus pure.

Toutefois, sa famille, son âge, ses succès lui suscitaient des raisons de poursuivre dans la voie où il avait commencé à marcher. Sa santé, déjà faible, lui demandait le sacrifice de ses goûts pour l'état ecclésiastique, et tout, jusqu'à son évêque, semblait conspirer contre lui. Il se présente un jour devant Mgr Devie pour lui demander conseil. « Mais, mon cher enfant, dit en souriant le vénérable Prélat, votre santé ne vous permet point de vous livrer aux pénibles fonctions du saint ministère; une fois prêtre, vous ne pourrez guère que dire la Sainte Messe. » — « Eh bien! Monseigneur, n'est-ce pas assez? » reprend le pieux avocat. Et le saint Evêque de l'embrasser avec effusion de cœur et de le bénir en lui disant : « Allez, mon cher enfant, Dieu se charge de votre vocation! » Dieu s'en chargeait en effet. En vain on employa pour l'arrêter tous les moyens que peut suggérer la sagesse humaine. Le jeune homme de vingt-quatre ans triompha de tous ces obstacles comme il avait triomphé des illusions du talent et de l'ambition. L'heure du sacrifice était arrivée. M. l'avocat Jules MARET entra au séminaire de Brou sous la direction de M. Perrodin.

Donner des ministres à un Dieu trois fois saint, sevrer de toutes les joies mondaines de jeunes hommes dans la vigueur de l'âge, pour les amener ensuite aux pieds du Pontife qui les consacrera prêtres pour l'éternité, voilà sans doute une œuvre bien grande, une mission bien difficile. M. Perrodin était un homme précieux pour l'accomplir. Sous une apparence de rigidité froide, il cachait un cœur plein de bonté et de délicatesse. Possédant au plus haut point ce coup-d'œil sûr qui sait discerner les aptitudes et deviner les vocations, il reconnut bientôt les éminentes qualités du nouveau séminariste que le monde ne lui abandonnait qu'à regret. Il sut compatir aux souffrances de son corps déjà éprouvé par la maladie; il se l'attacha par ses prévenances et la sagesse de ses conseils, et bientôt le Maître et le Disciple s'édifièrent mutuellement.

Le Ciel m'a accordé le douloureux et consolant privilége de contempler ces deux saints Prêtres à leur lit de mort et je sais comment meurent les Justes, après avoir vu comment ils vivent. Tous deux hommes d'une foi sincère et d'une piété profonde, se consacrèrent au bien sans se lasser jamais; tous deux, comme de nobles soldats sur le champ de bataille, sont tombés au milieu du combat, emportés par l'héroïsme d'un dévouement à toute épreuve et d'un travail incessant. L'un, M. MARET, vit arriver la mort en souriant comme ces exilés qui soupirent après le jour de la délivrance, et non loin de la frontière aperçoivent déjà les plages de la patrie. L'autre, M. Perrodin, la reçut avec ce calme intrépide, fruit non d'un orgueilleux stoïcisme, mais de l'espérance chrétienne et d'une confiance sans bornes en la miséricorde divine. Nous aimons tous, Professeurs du collége de Thoissey, à réunir les noms de ces deux grands serviteurs de Dieu. Ils nous guidèrent par leurs exemples, nous soutinrent par leurs conseils et nous apprirent à boire loin des torrents corrompus du monde, aux sources pures de la vérité. Jamais leur souvenir ne s'effacera de nos cœurs.

Au séminaire, M. MARET put se livrer à toutes les expansions de l'amour de Dieu qui l'embrasait. Ah! si les échos de la basilique ou des cloitres de Brou pouvaient nous redire ses soupirs ardents aux pieds des autels de Jésus et de Marie, les aspirations intérieures de son cœur blessé par la lance du Calvaire! si nous pouvions soulever un coin du voile qui dérobe aux regards des hommes tant de pieuses pensées et de ferventes prières, combien nous serions édifiés! Mais non! comme ces humbles et chastes fleurs de nos campagnes, qui se flétriraient si elles ne dérobaient à l'éclat du soleil leur grâce et leur fraîcheur, ces saintes actions perdraient au grand jour le parfum suave qu'elles conservent dans le secret de Dieu.

L'année 1837 fut pour M. l'abbé MARET l'année sacerdotale. Il reçut l'onction sainte des mains de Mgr Devie et dit sa première messe au sein de sa famille à Chemillieu. Nous qui l'avons vu plus tard offrir chaque jour à Dieu la victime sans tache, nous qui savons avec quelle angélique dignité il traitait les divins mystères, nous n'essayerons pas de peindre le céleste bonheur qu'il ressentit ce jour-là et la sainteté qui resplendit sur ses traits. Ses parents en furent vivement impressionnés; et lui, au comble de la plus grande félicité, put s'écrier comme Saint Paul : « Je surabonde de joie. » Désormais à l'œuvre de sa propre sanctification, il allait joindre l'œuvre de la sanctification des autres.

II.

Tout homme sur la terre, en se sanctifiant lui-même, doit porter ses semblables à la pratique du bien, selon le précepte de l'Apôtre : *Mandavit unicuique de proximo suo.* Entraîné par le zèle qui consumait son âme, M. Maret ne pouvait rester inactif. Sans être arrêté par la délicatesse de sa santé, il accepta le ministère paroissial et fut nommé desservant de Lavours, sur les bords du Rhône. Là, à peine séparé de sa famille qui habitait dans le voisinage, aimé et respecté de tous, il fit ses délices de cette vie modestement héroïque de curé d'une humble paroisse, et jusqu'à ses derniers instants il se souvint avec bonheur de ces prémices de son ministère sacerdotal. Ses excellents paroissiens redisent encore avec quelle bonté il les accueillait, les visitait, les guidait dans les sentiers du devoir; il entrait sous leur toit rustique, causait de leurs affaires, leur donnait des conseils et se servait de l'influence que lui donnait sa qualité d'ancien avocat pour gagner leur confiance et leur montrer le Ciel au-delà de leurs préoccupations temporelles.

Cette vie calme ne devait pas durer longtemps ; la Providence lui réservait une autre mission. Sa foi, d'ailleurs, ne lui laissait point oublier que c'est surtout le Prêtre, l'homme de Dieu, qui n'a point ici-bas de demeure permanente, de repos assuré, et qu'il doit, pour être un bon soldat de Jésus-Christ, ne dresser sa tente que pour une nuit et se tenir prêt à la replier au premier ordre et à toute heure, pour la transporter ailleurs.

Le Pontife que possédait alors le diocèse de Belley, était un de ces évêques donnés par Dieu, dans sa bonté, aux peuples qu'il aime. J'ai déjà prononcé le nom de Mgr Devie. Esprit vif et pénétrant, expérience consommée, jugement net et précis, l'éminent prélat croyait avec raison que l'avenir tout entier de la société se trouvait renfermé dans l'éducation de la jeunesse. Aussi ne craignit-il pas de signaler à l'attention du pays et des pères de famille un enseignement d'où les principes religieux étaient trop écartés, et toute la France s'émut à la voix du Prélat courageux qui, avec une sainte et glorieuse indépendance, osait attaquer le mal où il le rencontrait. Le vénérable évêque n'était pas homme à s'en tenir même à d'éloquentes paroles. Profitant de tous les droits que lui laissait la législation de ce temps, il mit tout en œuvre pour créer des maisons d'éducation religieuse. Le collége de Thoissey lui fut concédé, et pour diriger cet établissement, Mgr Devie jeta les yeux sur le pieux et modeste curé de Lavours. Nul n'était plus digne de la confiance que lui témoignait son évêque ; j'ajoute que nul ne s'y attendait moins. Mgr l'appelle, lui fait part de son projet, le bénit et lui ordonne de partir pour Thoissey. M. Maret obéit.

Vous connaissez tous le sublime trait d'obéissance de cet officier français qui, dans une des grandes guerres du commencement de ce siècle, se dévoua pour le salut de l'armée entière. Son général lui commande d'aller sur une colline se placer en face de l'ennemi et de se faire tuer à ce poste.

Le capitaine partit et il mourut.

En sortant du palais épiscopal, M. Maret rencontre un de ses amis, prêtre aussi distingué par sa science que recommandable par sa foi vive et son ardent amour pour l'Eglise, il lui annonce sa nomination. « Eh quoi ! lui dit son ami, savez-vous bien ce que vous acceptez ? vous abandonnez votre famille, vous quittez le calme et le repos, votre santé ne pourra supporter tant de fatigues, votre zèle vous consumera, vous allez à la mort » Je le sais, mais j'obéis, reprend M. Maret. Il partit, vous connaissez le reste.

Une des missions les plus difficiles, je puis bien le dire en face de cette tombe, est sans contredit celle d'élever des jeunes gens et d'en faire des hommes utiles à leur pays et dignes de leur Dieu. Dans l'accomplissement de cette œuvre, on peut tomber dans deux écueils opposés. Si l'éducation, c'est-à-dire le perfectionnement des facultés morales et des qualités du cœur, prépare seule l'avenir d'un élève, cet avenir peut être gravement compromis. Un jeune homme ainsi élevé semble ne plus être de son siècle, et ne pouvant parvenir à des emplois dont l'accès n'est possible que par des études sérieuses, il est exposé à consumer, dans des occupations futiles, des années qui devaient être consacrées au travail et dont la patrie, la religion, Dieu lui demanderont compte. — Si, au contraire, on pense pourvoir à cet avenir seulement par l'étude des lettres et des sciences, la déception sera plus grande encore. Enivré de sa science dont l'orgueil est le fruit naturel, le jeune homme refusera bientôt de courber son front et d'abaisser sa raison devant cette autorité divine qui a droit de s'imposer à tout homme sur la terre. Aux temps où nous sommes, c'est dans l'alliance seule de l'instruction et de l'éducation que se trouve le salut de la jeunesse. Joindre à l'étude approfondie des lettres et des sciences, l'enseignement des grandes vérités et des saines doctrines qui font l'homme de bien, tel est le moyen de former des générations viriles, au-dessus des préjugés et des erreurs de leur siècle.

Telle était aussi la conviction de M. Maret, et, dès son entrée à Thoissey, il se mit à l'œuvre avec une ardeur résolue. Il réunit autour de lui plusieurs jeunes prêtres et leur communiqua les sentiments dont il était animé. On les vit bientôt s'enivrant des obstacles et ne reculant jamais devant le sacrifice, agrandir de jour en jour le cercle de leurs connaissances, acquérir les grades littéraires qui pouvaient jeter quelque éclat sur leur œuvre naissante, et laisser l'Université étonnée de rencontrer tant de science et de talent chez des hommes qu'elle n'avait pas formés. — Plusieurs sont morts à la peine, quelques-uns ont recueilli de bien pénibles épreuves, aucun n'a reçu de récompense humaine ; et qu'importe ? plus heureux que ce peintre fameux dont les œuvres devaient durer toujours, ils ont travaillé pour l'Eternité !

Chers Elèves qui m'écoutez, vous ne savez pas tout ce qu'il a fallu de sollicitude, de courage, d'énergie, pour fonder l'établissement qui vous abrite aujourd'hui ; vous ne connaissez pas tout ce que vos anciens maîtres ont déployé de ressources, de soins, d'abnégation, de sacrifices, pour le rendre prospère. Puissiez-vous le comprendre un jour. Alors vous bénirez Dieu, et leur bien-aimé souvenir soutiendra vos efforts dans l'accomplissement du devoir. Pour nous, qui sommes venus plus tard participer à leur œuvre, lorsque notre âme semblera défaillir sous le poids du fardeau qu'ils nous ont légué, nous jetterons un regard sur nos modèles et leur voix nous dira :

« Suivez notre exemple, vous ne vous êtes point encore dévoués jusqu'à la mort! »

Je ne redirai pas les succès et la réputation du Collége de Thoissey. Il ne siérait point à un membre de la famille de rappeler les titres de gloire de ses ancêtres. Fort de l'appui de ses professeurs, assuré désormais de donner à ses élèves une instruction solide, M. Maret appliqua tous ses soins à former leur cœur. Avec un tact exquis, une extrême politesse de manières et une profonde connaissance des jeunes gens, il possédait ces qualités rares qui donnent le caractère de la famille à une communauté tout entière. C'était un père au milieu de ses enfants; son grand art était de les aimer. C'est ainsi qu'il fit naître et développa cet esprit de bienveillance et de mutuelle affection entre les maîtres et les élèves qui, nous l'espérons, demeurera parmi nous comme le souvenir le plus constant et le plus cher de notre bien-aimé principal. C'était surtout dans des entretiens familiers que M. Maret formait le caractère de ses chers enfants et les façonnait à la vie chrétienne. Il les suivait pas à pas, les encourageait, les excitait à la pratique du bien, et à leur sortie du Collége, leur continuait dans le monde ses sages conseils dans des lettres admirables où éclatent, sous le style le plus pur et le plus attachant, la délicatesse de ses sentiments et l'exquise bonté de son cœur. Avec quel bonheur il salua la naissance de la Société de Saint-Vincent-de-Paul ! Au souvenir des périls de son adolescence, il bénissait Dieu d'avoir réuni les jeunes gens religieux de notre époque autour de l'étendard de la charité, et voyait là un secours puissant pour conserver dans leur âme et leur propre innocence et la foi de leur mère.

Aussi voulut-il qu'une conférence fut établie parmi ses élèves ; ce fut l'une des premières qui apparurent dans les colléges. Il lui consacra une partie de ses ressources, la soutint et l'encouragea par ses soins, et nous montra jusque dans ses derniers actes l'intérêt qu'il lui portait. D'ailleurs sa charité semblait s'approprier les besoins de tous. Toute âme abattue par la souffrance, éprouvée par l'infortune ou délaissée loin de sa patrie, au sein des malheurs de l'exil, était assurée de trouver en lui un cœur compatissant. Sa mort a été, pour les pauvres de cette cité, un deuil public, et longtemps ils rediront ses bienfaits.

A tous ces mérites, M. Maret joignait une véritable passion des intérêts spirituels, cette générosité de foi que le bien seul préoccupe, cette simplicité confiante qui aime moins à prévoir qu'à recevoir tout avec courage de la main de la Providence, une piété qui voit tout en Dieu. Sa piété ! Il y avait dans son attitude, lorsqu'il était en prière, une quiétude d'esprit si grande, un bonheur si parfait, un abandon si complet entre les bras de son Dieu, qu'on était porté, malgré soi, à l'imiter. « J'ai eu à supporter bien des épreuves, nous disait-il, jamais le découragement n'a effleuré mon âme. » En effet, quelque accablantes que fussent ses peines, il priait, les déposait au pied des autels, et le calme rentrait aussitôt dans son cœur. Il aimait encore à s'aider des suffrages de toutes les personnes qui, grâce à une vie sainte et à une vertu d'élite, semblaient avoir un accès plus facile auprès de Dieu. Aussi dans une foule de circonstances, lorsque tous les efforts humains avaient été épuisés, nous n'en étions pas moins habitués à espérer contre toute espérance.

Cette douce piété de notre vertueux principal ne restait point renfermée dans l'intérieur de son âme : comme une fleur suave et odoriférante, elle exhalait au dehors son parfum précieux. Il aimait les pompeuses cérémonies et cette majesté du culte divin qui frappe les sens pour arriver jusqu'à l'âme et l'élever à Dieu. Avec quelle foi et quel enthousiasme il nous parlait de son séjour dans la ville éternelle, et des douces émotions que son cœur y avait éprouvées! Par ses soins et grâce à sa générosité, nos ornements sacrés sont devenus plus nombreux et plus riches, nos oratoires ont été embellis, nos chants divins relevés par l'éclatante harmonie de l'orgue majestueux qu'il nous a légué, nos fêtes rendues plus solennelles. Le culte tendre et filial de Marie était surtout cher au cœur de M. Maret. Chaque jour il offrait à cette bonne Mère sa couronne de prières ; il lui consacrait ses élèves, les enrôlait à son service dans de pieuses congrégations, et en tous lieux, sur la tour qui domine le Collége et la Cité, comme dans nos classes et nos études, l'image de cette Vierge immaculée peut frapper leurs regards et leur inspirer de saintes pensées.

C'est ainsi que notre zélé supérieur jetait dans le cœur des enfans confiés à ses soins des semences de vertu qui plus tard devaient porter leurs fruits et que nous avons déjà vues souvent s'épanouir au milieu du monde. Comme son cœur était réjoui lorsqu'il apprenait que ses élèves étaient restés vertueux, comme il les embrassait avec bonheur lorsqu'ils venaient plus tard lui raconter leurs épreuves et leurs succès, leurs combats et leurs triomphes! Un seul moment de la joie céleste qu'il goûtait alors le payait de tous ses sacrifices. Au reste, la délicatesse de sa conscience et l'amour du devoir étaient ses seuls guides. Chef habile et dévoué, il savait se multiplier et rendre partout sensible sa présence. La règle du Collége était pour lui la loi suprême. Toujours debout dès cinq heures du matin, jusqu'à dix, il s'occupait de Dieu seul et donnait à la prière, à la méditation ou à l'étude de l'Ecriture sainte ces prémices de la journée. Le reste était consacré aux fonctions de sa charge; mais malgré la multitude de ses travaux, il trouvait encore le temps de cultiver son intelligence, de développer ses connaissances, d'approfondir l'histoire et de s'abreuver aux sources les plus pures de la littérature ; travail d'autant plus héroïque que la souffrance dès longtemps ne cessait de l'éprouver.

J'ai prononcé le mot de souffrance, Messieurs, il m'avertit qu'il nous reste à considérer une nouvelle face de la vie de M. Maret. Jusqu'ici j'ai essayé de vous montrer comment, en se sanctifiant lui-même, il a mis tous ses soins à sanctifier les autres. Votre cœur suppléera à la faiblesse de ma mémoire et de ma parole, en vous rappelant bien des vertus et beaucoup de détails oubliés. En ce moment je résumerai tout ce que je viens de dire dans ces dernières paroles, véridique et suprême éloge donné à la mémoire de notre bien-aimé principal : « M. Maret était un saint prêtre. » Le récit de sa vie vous l'a montré déjà, sa mort en est encore un plus puissant témoignage.

Le mal ici-bas exige une expiation, et Dieu choisit quelquefois des âmes pures qui, à l'exemple de leur divin Maître, portent la peine des péchés même qu'elles n'ont pas commis et souffrent pour elles et pour les autres. Ces victimes privilégiées passent pour malheureuses aux yeux des hommes, mais elles sont bénies du Ciel et leur récompense sera magnifique. M. Maret était un homme de douleurs; il se purifia au creuset de la souffrance et nous eûmes, dans cette victime d'une lente décomposition, le modèle de la résignation la plus inaltérable. La maladie, devenue sa compagne inséparable, l'éprouvait depuis longtemps, mais son âme, plus forte que le mal et maîtresse de son corps, savait dissimuler ses angoisses et commandait en reine à ses sens. Aussi, l'ange de la mort était déjà venu le visiter et le prévenir de l'approche de sa dernière heure, que nous apercevions encore notre courageux supérieur suivant tous les exercices de la communauté et vaquant à ses travaux ordinaires sans rien perdre de son activité et de son ardeur. Un dernier sacrifice lui fut demandé; ce ne fut pas le moins pénible à son cœur. Il obéit à des amis qui se préoccupaient plus que lui-même des intérêts de sa santé, s'éloigna de ses chers enfants, et bientôt s'applaudissant de son obéissance, remercia Dieu de lui avoir épargné des émotions qui auraient troublé le calme de ses derniers instants.

Nous espérions encore..., mais le terrible arrêt était porté par la divine volonté du Tout-Puissant : ni les soins les plus multipliés et les plus assidus, ni les secours intelligents de l'art, ni les vœux ardents et les ferventes prières de ses amis et de ses parents, ni la présence de son évêque qui vint le visiter au milieu de ses souffrances, ne devaient retarder longtemps le moment redouté. D'ailleurs l'exil lui paraissait assez long. Quoiqu'il fût encore dans la maturité de l'âge, il avait accompli devant Dieu une longue carrière; il soupirait après le moment de la délivrance, et dès longtemps se préparait à paraître devant son Créateur. Chaque jour il faisait son Chemin de la Croix; tous les vendredis il récitait les prières des agonisants dans la crainte de ne pouvoir les dire à sa dernière heure. Aussi, il était prêt : il put sourire à l'approche du trépas. Fortifié par le Dieu qu'il reçut tous les jours dans la sainte Communion, il consola lui-même ses professeurs et leur donna une suprême bénédiction. Et puis, tout occupé de Dieu et de l'Eternité, il prit la Croix entre ses mains, la baisa avec tendresse; ses regards ne se détachaient de l'image de Jésus crucifié que pour se diriger, pleins de douceur et de résignation, sur une pieuse gravure où l'on voyait le doux Sauveur au jardin des Olives, recevant des mains de l'Ange le calice de sa Passion. Et le mourant s'écriait comme son divin Modèle : « Mon Dieu, que votre volonté s'accomplisse! » On l'entendit répondre aux dernières prières, répéter avec amour les noms de Jésus et de Marie, et laisser échapper souvent, du fond de son âme, cette aspiration généreuse : « Mon Dieu, je vous aime de tout mon cœur! » Déjà le froid de la mort commençait à le saisir, qu'il remuait encore les lèvres pour prier et baiser la Croix. Enfin, rassemblant toutes ses forces et imitant jusqu'au dernier soupir Celui qui avait été la règle et le soutien de toute sa vie, et se jetant, plein de confiance, entre les bras de son Créateur et de son Père : « Mon Dieu, dit-il, je remets mon âme entre vos mains! — *In manus tuas Domine, commendo spiritum meum.* » Et il expira.

C'était un samedi, jour consacré à la Vierge Marie. Le soleil, sur son déclin, dorait le sommet des montagnes du Bugey; quelques prêtres vénérables, aux cheveux blanchis par l'âge et les travaux d'un long apostolat, chantaient, dans la chapelle du château de Pont-d'Ain, l'*Alleluia* du temps pascal, et j'entendais répéter autour de la couche funèbre : Le juste meurt le soir d'un beau jour.

Et maintenant, mes Frères, je viens vous donner rendez-vous auprès de son cercueil. — Je vous y appelle, peuple de Thoissey, de cette cité qu'il avait adoptée avec tendresse et où il voulut venir reposer ; vous, ministres de Dieu, prêtres qui l'avez connu et dont il savait apprécier le zèle et les talents ; vous, pères et mères de famille qui abandonniez avec tant de confiance vos enfants à ses soins, je vous invite à contempler tout ce qu'une vie sainte laisse de consolation et d'espérance au milieu des terreurs de la mort. Vous comprendrez, mieux que par tout autre enseignement, ce que c'est qu'un saint Prêtre, un supérieur intègre, un père dévoué, un homme utile à son pays, un chrétien selon le cœur de Dieu.

Mais c'est vous surtout, famille bien-aimée, chers enfants qui pleurez un père, c'est vous surtout que je convoque autour de ce cercueil. Jésus-Christ dit dans son Evangile que le bon pasteur donne sa vie pour ses brebis, et, joignant l'exemple au précepte, il est mort pour nous sur le Calvaire. Les Saints l'ont imité, et naguère vos cœurs étaient émus au récit de l'histoire de ce généreux Pontife mort au milieu de nos discordes civiles pour l'amour de Dieu et des Français.

J'ai connu un autre Pasteur, vous l'avez connu aussi bien que moi. Une balle parricide n'est point venue frapper sa poitrine, mais sa vie a été une constante immolation à vos intérêts, et lui aussi, l'a donnée pour ses brebis. Dans quelques instants vous irez jeter sur sa tombe des couronnes de feuillage. Puissent-elles être l'image de ces couronnes immortelles qu'il sera fier de vous apporter lui-même lorsqu'il viendra vous recevoir sur le seuil de l'Eternité.

Et vous, les dépositaires de sa confiance et les continuateurs de son œuvre, Professeurs du Collége de Thoissey, quelles paroles de consolation vous adresserai-je? Le Seigneur nous éprouve, des vides se font parmi nous, serrons nos rangs qui s'éclaircissent! adorons en silence les desseins impénétrables d'un Dieu juste et sage.... Mais ne vous semble-t-il pas qu'une

voix se fait entendre du haut du Ciel et nous crie :
« Eh quoi! hommes de peu de foi, vous laisseriez-vous
aller au découragement? ne savez-vous pas que les joies
de la Patrie sont bien préférables aux douleurs de
l'exil? Reprenez courage, je ne vous laisserai point
orphelins. Plus puissant qu'autrefois, du séjour où je
règne, je serai toujours à votre tête, je vous protègerai. »

Ecoutons-la cette voix, Messieurs, écoutons-la;
approchons à notre tour, jetons nos regards sur notre
supérieur et notre modèle, marchons sur ses traces,
et puissions-nous, après avoir combattu comme lui,
nous écrier aussi : *Bonum certamen certavi, cursum consummavi, fidem servavi, in reliquo reposita est mihi corona justitiæ.* J'ai combattu le bon combat, j'ai achevé ma
course, j'ai conservé la foi, maintenant il me reste à
recevoir la couronne que Dieu me réserve dans sa
justice.

Lyon. — Imprimerie de C. Bonnaviat, rue Ste-Catherine, 18.

www.ingramcontent.com/pod-product-compliance
Lightning Source LLC
Chambersburg PA
CBHW060918050426
42453CB00010B/1797